ÉTUDE SOMMAIRE

SUR

LES ANCIENS FORS ET LA COUTUME RÉFORMÉE

DE BÉARN,

LES LOIS TRANSITOIRES

AVEC LES QUESTIONS PRINCIPALES QU'ELLES ONT FAIT NAÎTRE,

L'ESPRIT DU CODE CIVIL,

Par M. BLANDIN,

Doyen de l'Ordre (1815), ancien bâtonnier,
Chevalier de la Légion-d'Honneur.

(.... Discant et ament meminisse periti.)
(Ornari res ipsa negat, contenta doceri.)

2me ÉDITION

AVEC QUELQUES NOTES ADDITIONNELLES.

PAU
IMPRIMERIE ET LITHOGRAPHIE DE É VIGNANCOUR.

1869.

AVERTISSEMENT.

Cette étude *sommaire*, lue à la Conférence, en exécution d'un article de nos règlements, et remise à chacun des avocats et des magistrats *de la Cour Impériale de Pau*, cette famille judiciaire *d'autre fois*, n'a pas eu et n'aura pas d'autre publicité..... elle a d'ailleurs déjà reçu sa récompense, dans une de ces bienveillantes adhésions, que les hommes supérieurs, se plaisent à donner aux œuvres utiles, aux plus modestes essais (1).... Celle du grand juris-consulte, enlevé trop tôt à la science, qui étudiant le droit à sa véritable source, l'histoire, et faisant circuler ainsi, la lumière et la vie dans tous ses écrits, *s'est placé lui-même*, parmi les anciens, à côté de *Pothier* et *Domat ;* parmi les modernes,

(1) Da veniam scriptis quorum nobis non gloria causa, sed utilitas officiumque fuit.

de *Merlin*, de *Toulier*, de *Demolombe*, de *notre Mourot*, qu'avec une juste fierté, nous appelons le *Merlin du Béarn* (1).

B.

―――

« *Palais du Petit Luxembourg*, le 7 mai 1856.

» Monsieur,

» J'ai reçu le travail que vous avez bien voulu me faire » remettre, par mon excellent collègue, **M**. *le baron de* » *Crouzeilhes*.

» Les détails qu'il contient sur les coutumes *du Béarn*, » m'ont paru pleins d'intérêt ; je me range *tout-à-fait* à votre » avis, quand vous dites, que l'étude de nos anciennes » coutumes est aussi curieuse qu'instructive.

» Il arrive malheureusement de nos jours, que les esprits » absorbés par le courant des affaires, sont trop rarement » attirés vers ce qui est ancien.... j'en éprouve, pour ma part, » une sympathie d'autant plus grande, pour les travaux qui » comme l'étude *sur les anciens fors et la coutume réformée* » *du Béarn*, *vont chercher à cette source les préceptes et* » *les bons exemples*.

» Recevez, Monsieur, l'assurance de mes sentiments distingués.

» TROPLONG. »

―――

(1) Voir la notice biographique de M. Mourot, par Me *Garet* avocat.

ÉTUDE SOMMAIRE

SUR LES ANCIENS FORS ET LA COUTUME RÉFORMÉE DU BÉARN
LES LOIS TRANSITOIRES
AVEC LES QUESTIONS PRINCIPALES QU'ELLES ONT FAIT NAITRE
L'ESPRIT DU CODE CIVIL.

CONFÉRENCE DES AVOCATS A PAU.
(ARTICLE 15 DU RÈGLEMENT.)

(.... Discant et ament meminisse periti.)
(Ornari res ipsa negat, contenta doceri.)

En droit , comme en Histoire , comme en Littérature , il faut savoir recueillir les enseignements de l'expérience , respecter les institutions qui ont pour elles la sanction des siècles , renouer la chaîne des temps , et *demander ainsi conseil au passé* (1) ; c'est donc une étude aussi curieuse qu'instructive

---

(1) La nation s'est trop avancée, pour n'avoir rien à réclamer *au passé* : dans un sol aussi mouvant que le nôtre , il faut rebâtir sur les *anciens* fondements , *la religion et les lois.* (Bonaparte au Conseil d'Etat.)

que celle de nos anciennes coutumes ; on aime à connaître ces lois primitives, toutes d'instinct, de conscience , sous l'empire desquelles nos pères vécurent heureux pendant de si longues années, les modifications que le progrès et la civilisation, toujours si lents dans leur marche, y apportèrent (1).

Mais dans un cadre aussi large, aussi vaste, l'erreur deviendrait facile, l'exemple que nous voulons donner à la Conférence pourrait paraître mal choisi, le but surtout que nous nous proposons ne serait pas rempli ; nous nous bornerons donc à en signaler l'esprit plutôt que le texte et en mesurant nos citations sur l'utilité, nous les rattacherons sommairement à quelques points principaux : *anciens fors, coutume réformée, lois transitoires, questions importantes qui en sont nées, esprit du code civil.*

§ Ier

Le mot générique de *Vieux Fors*, comprend le *for général de Béarn* et ceux de *Morlàas, d'Oloron, des Vallées*, qui n'en sont que la reproduction, avec quelques dispositions nouvelles, et souvent très importantes.

Ils furent promulgués avec tous les caractères d'une *confirmation ou d'une rénovation*, qui les

---

(1) *Nescio, quo natale solum, dulcedine cunctos ducit, et immemores non sinit esse sui* (Ovide).

fait différer de presque toutes les chartes *du nord*, à des époques difficiles à bien préciser, mais qui, dans tous les cas, remonteraient au *onzième siècle ou à l'année* 1088.

Leur esprit ressort de trois points principaux : la justice, la religion, les franchises de la province.

1° *La justice* était rendue au premier degré de juridiction par des magistrats inférieurs, les *Jurats*, les *Cavers*, les *Seigneurs*, et au deuxième degré par les douze Barons de Béarn, formant la *Cour Majour*, tribunal supérieur, institué pour contrebalancer l'autorité des seigneurs et l'empêcher de porter atteinte aux libertés publiques.

Les lois qu'ils appliquaient étaient celles du for, expliquées en cas de doute ou d'obscurité par le droit romain.

Citons quelques exemples au civil et au criminel :

Les acquisitions *particulières* du fils lui demeurent *propres*, à moins qu'il ne soit établi qu'elles ont *pour seule cause les biens du père.*

Il ne peut forcer son père à vendre son bien, *lui étant vivant* et n'a droit à des aliments qu'autant qu'il a une conduite régulière et de bonnes mœurs : *si trop no es de maüs usadges.*

La dotalité est proclamée dans les termes les plus explicites.

« Jugé que toute femme, quand le mari est » mort, *encore qu'elle n'ait pas d'enfants,* peut

» défendre contre les créanciers de son mari,
» *jusqu'à ce que sa dot soit bien sauve* » (1).

La législation se montre humaine pour le *débiteur de bonne foi* qui, quoique *n'étant pas libéré même par mille ans*, peut néanmoins se défendre *par le laps de trente ans.*

Elle interdit la saisie dans la maison où il se trouve une *femme en couches.*

Mais d'un autre côté, elle punit sévèrement la mauvaise foi.

Ainsi, celui qui réclame deux fois la même somme en vertu d'un titre cancellé, est promené dans la ville, la sentence attachée au front, avec ces mots : *Ainsi fera, ainsi recevra, et exilé de la province pendant un an et un jour.*

Si le vol excusable jusqu'à 14 ans, *est commis avec récidive,* ou si celui qui s'en rend coupable *est larron manifeste, il sera pendu ; que sie penut,* dit le for.

Il en est de même du mari *qui bat sa femme enceinte* et par ses mauvais traitements lui occasionne une maladie, *car il est assimilé à l'homicide.*

---

(1) La dotalité des femmes et la sûreté des mineurs *qui ne peuvent se défendre,* doit être protégée : C'est un droit *que rien ne saurait ébranler,* dit M. Troplong, qui cependant n'est pas dotaliste, tant s'en faut. Le régime dotal, disait encore récemment (1868), un juriste pratique, M. Gilbert, tend de plus en plus à *se généraliser* pour prémunir les familles, *contre tant de dissipations et de folles entreprises.*

Enfin, la mauvaise justice est sévèrement punie dans la personne du juge lui-même.

Ici, il faut laisser parler le for avec toute sa dignité et toute son énergie :

« Jugea le seigneur de Mirepeix, que si quel-
» qu'un doit donner deniers et qu'il ne puisse les
» payer, qu'il puisse..... *et il fut destitué de ses*
» *fonctions de juge, lui un des douze Barons de*
» *Béarn.* »

Mais à côté de ce mémorable exemple de notre justice distributive, quelle touchante institution que celle du *bon Baron* !..... (1)

Elle consistait dans une soumission à *des arbi-
tres ou prud'hommes,* avec l'appel au *seigneur bon
Baron* et la faculté laissée de recourir *à la Cour
Majour,* troisième garantie dont on n'usait presque jamais, parce qu'on était et *surtout qu'on se
croyait bien jugé.*

Et c'est ce qui valut à un de nos princes,
Gaston VI° à la main ouverte, le beau titre de
droiturier, emprunté au texte même de notre coutume.

---

(1) Le *bon Baron* en Béarn, comme St-Louis à Vincennes, rendait la justice sous des chênes et notamment à *Eslajou près Lescar* où il existait une forêt trois fois séculaire, aujourd'hui détruite, quoique constituée en majorat, par un acte de prodigalité regrettable. ....

Quand les anciens déclarèrent que les bois étaient des lieux sacrés, ils semblaient inspirés par le Ciel même, a dit un historien moderne; ils avaient en vue la conservation des forêts, à laquelle tient de si près la prospérité et souvent la durée des états.

2° *La religion*, inséparable de la justice, est souvent mentionnée dans nos *vieux fors* (1).

Le Prêtre *(lou Capéra)* marche l'égal du *Jurat*, il figure dans les tribunaux inférieurs, et peut même plaider, dans certains cas prévus, *pour la femme veuve, l'orphelin de son père*, et les *personnes de son sang ou lignage*.

C'est en sa présence et avec son concours, que le seigneur jure de maintenir les Béarnais *dans leurs fors, coutumes, libertés*.

Le blessé, s'il affirme dans son lit de mort, doit faire preuve complète.

Enfin, l'accusé et les témoins, dans divers cas déterminés, *sont crus sur leur serment*.

La religion approuve la sentence rendue contre le baron de Mirepeix ; car à l'occasion d'une décision des *juges de Toulouse*, qui, plus justes que lui, avaient admis l'excuse prise de l'impossibilité, elle fait entendre ces belles paroles dignes d'être conservées : « *Dieu ne commande pas que* » *l'homme fasse plus qu'il ne peut : car Diou nou* » *manda que hom fes plus que nou pot.* »

Elle réclame et obtient de la munificence de nos princes, qui s'honoraient comme les rois de France du titre d'*aumonieux*, la création de ces maisons

_____

(1) La religion a des miséricordes pour toutes les fautes, des consolations pour tous les malheurs (Ve *de Melun*). La morale n'est pas la religion, mais elle conduit directement aux portes de la religion (*Guizot*).

hospitalières ou de refuge, qui placées dans l'intérieur de la province ou dans les défilés de nos Pyrénées, offraient un asile et des secours aux voyageurs de toutes les nations (1).

En un mot, on la voit, quoiqu'en plein moyenâge, également éloignée de tout esprit de superstition et de domination exclusive, respecter les pouvoirs temporels, chercher à convertir l'autorité du seigneur en protection paternelle pour ses sujets, désirant la concorde dans l'intérêt de tous et remplissant ainsi sa destination, qui doit toujours être de protéger les faibles et de consoler les malheureux.

3° *Les franchises, et libertés* (2).

Elles sont retracées et écrites presque à chaque mot dans nos fors :

« *Tous les natifs de la terre*, disent-ils, *sont francs et de franche condition, sans tâche de servitude.* »

« Ailleurs, dit un de nos meilleurs historiens,
» on suit la maxime, *nulle terre sans seigneur*,
» et ici au contraire, celle *nul seigneur sans titre* ;
» on ne demande pas au propriétaire la preüve

(1) Ce bon exemple de nos pères, ne devait pas être perdu pour notre département, un des plus avancés de la France, en matière de bienfaisance, comme la ville de *Pau*, l'est incontestablement entre toutes les autres, *avec ses* 20 *institutions de prévoyance et d'assistance.*

(2) La liberté bien comprise, ne fut du reste pour nos pères, comme pour nous, que *le droit limité par le devoir : sub lege libertas.*

» de sa franchise, mais au seigneur la preuve de
» son droit ; *la liberté* est le droit commun , *le*
» *servage* l'exception. »

Aussi, lorsque dans presque toutes les autres
contrées, les chartes ne sont accordées qu'après
des luttes violentes, elles sont données au contraire au *Béarn*, comme reconnaissance d'un droit
primitif, comme *renovation*.

Aussi, tandis qu'ailleurs l'impôt a le caractère
de subsides , en Béarn , il est volontaire et fixé
chaque année par les Etats (1).

Les Béarnais, en un mot, avaient des chefs
et non des maîtres.

Citons encore quelques dispositions du for :

« Le seigneur jure de le maintenir contre tous
» et *contre lui-même* ; il réparera les griefs de
» son père et ceux que ses officiers auraient pu
» commettre.

(1) On sait que le surintendant des finances, ayant demandé de
porter aussi haut que possible le *droit de joyeux avènement* de
Louis XIV , les Etats lui répondirent , qu'ils n'avaient pas cru *pouvoir*
s'élargir au-delà de 70,000 *livres.* Henry IV, le modèle des Rois
par l'amour qu'il portait à son peuple , l'avait dit, *le Béarnais est*
pauvre mais il a bon cœur : En 1701 l'abonnement royal , se portait à 90,000 livres, payées, 12,000 livres par la noblesse, 10,000
par le parlement et 68,000 *par le tiers état,* qui à toutes les
époques fut et sera la nation ; aujourd'hui le département donne à
l'Etat, par les 4 contributions 1,441,000 francs , et prélevé sur
lui-même , sous le nom assez ingénieux pour le fisc, *de centimes*
additionnels, 824,000 francs , en totalité, 2,265,000 francs , c'est-
à-dire , 25 fois autant, sauf la différence de la valeur monétaire (1).

(1) Ce chiffre est celui de 1856.

» Il fera droit pour toujours au pauvre comme
» au riche, au riche comme au pauvre, et *il ne*
» *réclamera les amendes qu'après que le plaignant*
» *aura été payé.*

» Un homme ne peut être arrêté pour nul for-
» fait, *s'il donne caution* de répondre de la chose.
» et de l'amende.

» *Et s'il a maison*, il ne doit pas caution au
» seigneur qui le fera juger dans sa personne et
» ses biens. »

De son côté, il doit le service militaire 3 *fois*
l'an pendant 9 jours, mais on ne dépassera pas le
territoire et taxativement on n'ira pas *en Espagne.*

Le seigneur ne prendra les magistrats judiciaires
qu'en *Béarn exclusivement* s'il s'en trouve de suf-
fisants et de capables.

Les avocats sont tenus de plaider d'*office* à sa
demande, à peine d'interdiction, mais en récompense ils sont associés à l'administration de la justice et prennent le titre d'*advocati conciliarii*,
privilége qui a duré jusqu'à la suppression des Par-
lements (1).

Mais ces libertés, quelque étendues qu'elles
fussent, l'étaient bien moins que celles des vallées

---

(1) C'est le principe de notre assistance judiciaire, sauf le privilége, *auquel nous tenons très-peu.*

Si non habebis advocatum, disait *le préteur à Rome, ego dabo....*
« Tout jutge, dit notre *for Béarnais*, est tengut de bailla advoucat
» à *qui non a* et si lou dit advoucat refuse, pôt esta privat de la pos-
» tulation *pendant deux ans* » (*art.* 10 *et* 11 *rubrique deüs advoucats*).

et notamment d'*Ossau*, dont les chartes présentent tous les caractères d'*un contrat onéreux réciproque*, avec cette circonstance remarquable que c'est le seigneur qui doit *jurer le premier*.

S'il va visiter ses sujets, il entre avec son cheval *jusqu'au milieu seulement du ruisseau* servant de limite séparative, *et là, il donne et reçoit des otages.*

Lorsque les Ossalois sont mandés par lui, ou viennent réclamer justice, *il doit statuer le premier jour de leur arrivée*, sinon les nourrir et payer la dépense, si le retard provient de sa faute.

Les vallées sont un pays d'asile et le seigneur doit aller rechercher et juger les délinquants, *jusque sur leur propre territoire.*

Si un délit est commis dans la *vallée d'Aspe*, le seigneur en répond comme de ceux qui ont lieu sur les chemins de sa juridiction, mais les Prêtres et les Jurats en assurent la réparation par un droit de *saisie générale*, jusqu'à ce que justice soit faite (1).

Ces fiers montagnards, de leur côté, s'obligent à faire *l'host* à leur seigneur, c'est-à-dire à venir à son secours deux fois l'an, *enseignes déployées*, avec la hache et l'écu, contre ses ennemis, et s'il était attaqué, *jusques dans ses châteaux*, ils

---

(1) C'est la loi du 3 vendémiaire an 4, dont la pensée remonte à *Sixtequint*, le plus despotique des papes, le même qui exigeait 72 témoins *de visu*, pour pouvoir condamner un évêque (*Rome chrétienne, par Eugène de La Gournerie.*)

marcheraient comme un seul homme, et la *levée en masse aurait lieu.*

Voilà en substance nos vieux fors (1), qui exigeaient que les ouvriers fussent payés *chaque dimanche, lou dimenye au plus tard*, et se résumant par ces seuls mots : *respect des personnes, de la propriété; justice, religion* et *liberté* bien comprises.

§ II

La coutume *réformée*, qui fut rédigée et promulguée en 1552 *par Henri II*, se divise en dispositions de droit et de pratique : c'est le code civil et le code de procédure de nos pères, ce dernier connu *sous le nom de stil* (2).

Le droit civil présente un corps complet, divisé *en chapitres ou rubriques* qui se subdivisent en *articles* et doit être expliqué, rectifié ou suppléé par le *droit romain*, loi de la conquête.

« Nulle part, dit un de nos historiens Béarnais,
» on ne trouve écrit que le *droit romain* doive
» régir tous *les cas non prévus par la coutume ;*
» nous n'avons pas cru *qu'il fût nécessaire de*
» *constater une vérité certaine pour tous.* »

(1) Pour avoir une entière connaissance de *ces vieux fors*, il faut lire avec l'attention et l'intérêt qu'il mérite, le remarquable discours de rentrée de *M. de Lagerie*, substitut du procureur général, (1868).

(2) La coutume a conservé toute sa force et ses effets jusqu'au 30 ventôse an 12, sauf les modifications établies par des lois *spéciales* et *explicites.*

Obligés de nous renfermer dans les limites qui nous sont tracées , nous nous bornerons à résumer les points les plus importants et les plus usuels, c'est-à-dire *la puissance paternelle*, les *successions*, les *légitimes*, les *dots* , les *institutions contractuelles*, les *prescriptions*, pour arriver par le texte de la coutume, les arrêts de règlements et les certificats de la matricule, aux modifications introduites en 1790 et aux questions saisissantes d'intérêt, nées dans l'époque transitoire qui s'écoula jusqu'à la loi qui nous régit.

1° *La puissance paternelle,* si vénérée , presque illimitée chez les Romains, reçoit parmi nous sans rien perdre de son caractère, de sages modifications , qui peuvent être ainsi précisées :

Pour les acquisitions faites par le fils vivant *avec le père et exclusivement avec ses biens*, propriété et usufruit au père, pour les donations et successions , usufruit seulement ; pour tous les autres, *propriété et usufruit au fils.*

Ce sont les biens que la coutume définit et signale par ce mot si heureux, *biens de prouesse.*

On admettait d'ailleurs la distinction entre la pupillarité et la minorité.

Ainsi, le fils de famille depuis 14 ans, touchait ses rentes et ses revenus sur simples quittances.

Ainsi , à la cessation de la minorité, c'est-à-dire à 25 ans , il pouvait disposer de ses biens sans l'autorisation de son père.

Mais à la différence du droit romain, il n'avait pas d'action contre lui pour le doter : il devait le nourrir, et s'il devenait son créancier, il ne pouvait le faire condamner que suivant ses facultés, *sans trop le mettre à l'étroit : non ultrà in quod facere potest.*

2° *Les successions*, étaient régies par des principes fixes et faciles à saisir.

L'aîné des mâles ou à défaut de mâles, l'aînée des filles, était héritier des biens *vinclés, avitins ou de primesse, c'est-à-dire possédés par trois personnes du même lignage, successivement et sans discontinuité;* mais il ne le devenait des autres que faute de disposition, car dit la coutume : *des biens acquis ou de tous autres qui ne sont de primesse, chacun peut disposer à son gré et volonté.*

En directe comme en collatérale, il n'y a qu'un héritier et l'aîné succède seul, à ses frères ou sœurs décédés sans enfants.

Les biens ne remontent pas et les ascendants n'ont pas de réserve sur les biens de leurs descendants.

La succession échue à des neveux, appartient à *l'aîné seul.*

Enfin, la représentation est admise à l'infini, *soit dans la ligne directe, soit dans la ligne collatérale.* (1)

___

(1) La représentation disait *Bonaparte*, au Conseil d'Etat, n'est *qu'une substitution d'affections.*

2

3° *La légitime*, *debitum paternum*, ne porte
que sur les biens *vinclés* ; car des biens libres,
répète la coutume, *chacun peut disposer comme
il voudra : cascun pot disposa cum voulera.*

Cette légitime qui, dans les temps anciens,
était du quart, avait été fixée par la novelle 118,
de l'empereur Léon, d'après le nombre des enfans, c'est-à-dire, au tiers s'ils étaient quatre
ou moins, et à la moitié s'ils étaient 5 ou plus;
base peu rationnelle et même injuste quoique
généralement acceptée, puisque égale à 4 et à
6, elle était plus forte à 5 qu'à 6, de manière
à ne donner à chacun de 4 ou 6 enfans que le
douzième, tandis qu'à 5 ils avaient un dixième.

Elle était fixée par le père de famille, ou à
son défaut par les parents ou les proches, *qui
apparcellaient le légitimaire suivant la nature et
la consistance des biens.*

Mais cette fixation amenait souvent des difficultés, des demandes en *supplément* et ce fut
pour les faire cesser, que l'on posa deux principes, devenus en Béarn des règles invariables.

Par le premier, on repoussait l'action du légitimaire, la raison prise de ce qu'ayant reçu un
apportionnement qui n'était pas sujet à rapport, il
s'était assuré un avantage irrévocable sur des
biens qui pouvaient diminuer, tellement qu'en
présence de l'aîné souvent réduit à rien ou à
presque rien, le cadet se trouvait en réalité

l'héritier : *quia percœpit et assignata est legitima antè tempus, et sic contingere poterat ut diminuerentur paterna bona, et commodum consequi antè tempus.*

Par le second, on distingua entre les actes entre vifs et testamentaires :

Doté par acte entre vifs, le cadet ne pouvait pas demander un supplément de légitime; s'il l'était au contraire par testament, il le pouvait, *y eut-il même transaction*, en renonçant aux biens libres et à la quarte des avitins, et l'on calculait alors la légitime sur les trois-quarts des avitins et les dotaux.

Ce point de droit était même tellement certain, qu'il conserva sa force depuis l'ordonnance de 1735, qui, par son article 52, admettait l'action en supplément d'une manière absolue.

« Rien, dit *M. Mourot*, le Merlin du Béarn (1),

---

(1) M. *Mourot*, ami et collègue de *Merlin* à l'assemblée législative, professeur de droit à l'Université de *Pau*, a fait sept traités inédits : *la dot, les paraphernaux, l'augment, les successions, les légitimes, les institutions contractuelles, l'avitinage* et laissé après lui divers volumes in-4⁰, où sont classées par ordre alphabétique, les lois, les opinions des auteurs, les décisions du parlement ; nous en possédons des copies écrites de la main de *M. de Pont*, notre oncle maternel, *syndic jeune des avocats en* 1788, ami particulier de cette honorable famille, dont un des membres, le petit-fils, figure dans nos rangs... M. *Mourot*, ne lisait jamais un ouvrage sans en faire des extraits, et comme *Pline*, d'après son traducteur *L. de Sacy*, il les transcrivait chaque soir... Exemple bon à citer et surtout à suivre, si nous voulons retirer quelques fruits de nos lectures... *Nulla res tantùm prodest ad doscendum, quam inscriptio (Ciceron).*

» *n'est plus assuré que la jurisprudence que le*
» *Parlement s'est faite.* »

Les cadets en un mot étaient des *créanciers*,
comme ils sont appelés presque partout, et non
des *héritiers*.

4° *Les institutions contractuelles,* admises en
Béarn, différaient peu du droit commun, et en
excluant les *titres gratuits*, permettaient de vendre
et d'hypothéquer, *jusqu'à interdiction*, c'est-à-dire
sauf fraude,

Elles avaient tous les caractères d'actes *irré-
vocables* :

C'était un testament dans un contrat, terme éner-
gique qui en définit parfaitement le caractère.

Elles laissaient toujours un quart à la libre
disposition de l'instituant.

Mais il pouvait y renoncer ou *formellement* ou
tacitement ; formellement par une clause expresse,
tacitement par la réserve d'une somme ou d'un
objet fixe.

S'il n'en disposait pas par un de ces deux mo-
des, elle *restait* dans l'institution.

Ajoutons, que s'il y avait des dettes, on les
imputait sur la quarte, subsidiairement sur les
biens dotaux et même sur la masse, mais dans
le cas seulement où elles avaient été contractées
pour acheter les biens de l'institution.

Voilà en résumé ce qui résulte des arrêts de

règlement, de divers certificats de la matricule, en un mot de la jurisprudence locale.

5° *Les dots*, *en Béarn*, conservent leur caractère, non seulement pendant le mariage, mais encore pendant qu'il y a des enfants qui en descendent ; *elles forment un patrimoine inaliénable, un genre de fidei commis graduel et perpétuel*, qui passe sur la tête de tous les descendants du mariage, et qui après avoir été transmis jusqu'au dernier enfant d'une ligne, remonte aux collatéraux, *tant qu'il reste quelque descendant du mariage* (*répertoire v° DOT*).

Cependant et dans l'intérêt du commerce et de la transmission des biens, ce privilège fut réduit *aux dots des père et père, ayeul et ayeule*, qui, à ce titre, étaient prélevées ou conservées dans les décrets, ainsi qu'on le voit dans trois arrêts de règlements des 11 *novembre* 1641, 20 *décembre* 1685, 22 *janvier* 1700, et un certificat de la matricule du 19 *février* 1755, qui, distinguant les créanciers, des donataires, restreint la conservation des dots à deux degrés *pour les titres onéreux*, et l'accorde *pour les titres gratuits*, *à quelque degré qu'elles remontent*.

Cette dot, constituée par un contrat public ou par des articles de mariage sous signature privée qui, aux termes de divers *certificats de la matricule, avaient la même foi qu'un acte public*, par la raison que la présence et le concours des parents les authentiquait, était garantie par deux privilèges ;

Le premier, était l'hypothèque étendue aux gains de survie, condition du mariage et participant des donations entre vifs, *propter nuptias*, laquelle partait du jour du contrat s'il était public, ou de celui de la célébration, s'il n'y avait que des articles sous-seing privé.

Le second, était l'*emparence* ou l'*insistance* qui autorisait la femme à se maintenir dans la possession des biens du mari jusqu'au paiement de la dot.

En Béarn également et à la différence de presque toutes les autres coutumes, les hommes, ou *maris adventifs*, avaient des dots ; (1) mais on les distinguait de celles des femmes, sous les trois rapports suivants, formant autant de conditions rigoureuses.

Elles étaient assujetties *à remploi* et l'usufruit acquis à la femme :

L'emparence n'était pas accordée :

Enfin, quoique l'*intention claire et manifeste* de

---

(1) En *Navarre* et en *Soule*, l'apport de la dot par le mari, créait une *co-seigneurie*, une sorte de *société tacite*, entre les père et mère (*maîtres vieux*) et les époux (*maîtres jeunes*).

Sur les sociétés *tacites* aujourd'hui abolies, on doit voir : *Mourot, traité des dots* n° 44, 45 ; *Pothier*, société n° 87, 88 ; *Ferrière* v° *société; Salvial* v° sociétés entre frères; *Malleville* sur l'art. 1833 ; *Troplong*, 50 premières pages de l'introduction du traité des sociétés citant un arrêt *d'Angers* du 6 mars 1832 ; enfin un arrêt de cassation qui semble les valider jusqu'à concurrence de la quarte, *comme donations déguisées (Sirey*, 1839, 1. p. p. 545*).

constituer suffit à la femme, il fallait au contraire pour l'homme des termes sacramentels, tels
que ceux, *pour dot, pour aide, pour soutien,*
aux termes de deux arrêts de règlement des 9
mai 1699 et 27 mars 1711, lors desquels le
premier président du Parlement, suivant l'usage
et les formes de l'époque, avertit les avocats,
d'avoir à l'avenir, à se conformer à ce point
de droit, devenu la règle invariable qu'il se pro-
posait de suivre.

Nous arrivons ainsi naturellement au RETOUR.

Il s'exerçait comme droit *conventionnel*, et non
comme droit successif, *citra jus et nomen hœredis,
sans qu'on fut obligé de se porter héritier ;*

Il rendait sans effet *tous les actes onéreux* et
à plus forte raison *à titre gratuit*, par lesquels
on aurait porté atteinte à la dot.

Le désavènement du mariage ou l'accomplisse-
ment de la clause résolutoire, faisait revenir la
dot au tourniste ou à son représentant, l'*aîné ou
le prim*, libre de toute légitime.

Mais elle était grevée de l'augment gagné par
le mari, considéré comme condition de l'acte,
et du 1/10° pour les frais funéraires, à moins
qu'il n'existât des biens libres, auquel cas le
1/10° se prenait sur ces biens et la dot revenait
toute entière au tourniste, qui n'avait à prouver
qu'une seule chose, c'est-à-dire qu'elle avait été
payée.

Tels sont les principes invariablement admis parmi nous.

6° *La prescription, ce moyen si puissant de consolidation de la propriété* (1) ne pouvait être omise dans une coutume aussi complète que la nôtre ;

Aussi consacre-t-elle celle de trente ans, *paisible avec bonne foi,* celle de 10 ans entre présens et 20 ans entre absents, *avec titre et bonne foi, ab titre et bonne fé,* et de trois ans pour les notaires et les avocats qui n'ont jamais eu à s'en défendre, puisqu'ils se sont toujours interdit l'action en justice, *à peine même de radiation.*

Quant aux servitudes, elle s'en réfère simplement au droit commun : « *en prescription de servitut,* dit l'article 5, *sie goardat lou dret commun..,*

Bornons-nous donc à dire, que la possession immémoriale, mal à propos appelée *centenaire,* par analogie de l'*art.* 1, *rubrique* 25 *des contrats et termis, aux règlements de Béarn, qui ne parle que des ventes avec carte de grâce* (arrêt du 17 janvier 1835), était réduite à 30 ans lorsqu'il existait des signes *apparents et extérieurs du passage,* comme pour l'enclave, ainsi qu'on l'admet en pratique et que l'ont jugé divers arrêts;

Disons encore, que dans les autres cas, pour

---

(1) La prescription, a dit *M. Troplong* , a des mystères que la loi défend de pénétrer; *par cela seul qu'elle a duré longtemps , la possession doit être respectée.*

déterminer la durée de cette possession, *cujus memoria non extat*, on admettait les règles des pays de droit écrit, consacrées par notre Cour, sur notre plaidoirie et *après partage*, *le 15 mars 1834*, quoique des arrêts postérieurs, même de la Cour de Cassation, aient repoussé l'application de ces règles, en s'en remettant à l'appréciation du juge;

Question, du reste, devenue aujourd'hui sans objet, puisque le code civil, en exigeant désormais un titre, ne maintient que les droits *acquis avant sa promulgation*, dont la preuve serait impossible à rapporter.

Il nous reste à dire quelques mots seulement sur la *procédure* suivie en Béarn, mode d'instruction, dont *Jousse*, *dit dans la préface de son commentaire*; « *qu'elle est tellement nécessaire à* » *l'administration de la justice, que sans elle,* » *elle perdrait son nom et ne serait plus qu'un* » *pouvoir arbitraire et une justice précipitée.* »

Elle était contenue dans le *stil* promulgué en 1564.

L'ordonnance de 1667, quoique enregistrée au Parlement, n'était en effet observée, *que pour les requêtes civiles et les évocations*.

Celle de 1669, à laquelle il avait été dérogé par divers édits rendus en 1764, 1772, 1773, 1774 ne fut mise à exécution pour le plus favorable que le 17 nivôse an 13, ainsi qu'on l'a souvent jugé et notamment le 8 avril 1841.

Les saisies exécutions et arrêts étaient reçues *et la saisie-brandon ou de fruits inconnue.* (1).

Les décrets qui laissaient le droit de rachat, ouvert aux créanciers hypothécaires pendant 8 mois ou un an, suivant la nature des biens étaient consommés en 40 jours.

Enfin, les procès étaient terminés *en 3 mois*, ce qui rappelle le mot d'Henri IV aux députés de *Beauvais* :

« Si Dieu me prête vie, je veux établir parmi
» vous, le même ordre qui règne en mon pays
» de Béarn, les procès les plus longs n'y durent
» que trois mois, et ne sont si hardis les juges
» de prendre des épices qu'à la plus petite
» mesure (2).

---

(1) Les fruits portés au marché, étaient exempts de tout *subside* ou *droit de plaçage.*

Les cavaliers *du roi* qui faisaient manger le bled en verd à leurs chevaux, étaient punis des peines les plus sévères et les officiers *personnellement responsables.*

Enfin ceux qui prêtaient dans des années de disette, *étaient préférés, même aux dots (arrêt de réglement* du 13 mars 1695 chambres assemblées).

(2) Une note inédite sans date, ayant pour énonciation, ces mots : *extrait du cahier des Etats,* porte : Le Béarn contient 460 paroisses, la Navarre 95, la Soule 63 où 618..... Sur 800 causes portées devant les tribunaux, il n'y en a pas 2 qui excèdent 2,000 livres; sur 200 il n'y en a pas 4 qui excèdent 4,000 livres..... sur 100 procès, *de la Navarre, à peine voit-on deux plaideurs venir solliciter l'instruction, ce qui prouve à la gloire du parlement, combien leur présence, paraît peu nécessaire.....*

§ III.

Tel était l'état de nos institutions locales, lorsque une de ces grandes commotions, qui, pour
les uns, sont des épreuves que la providence envoit
aux nations pour les régénérer, et pour les autres,
des maladies de surfaces, sans de profondes ra-
cines, vint apporter d'importantes modifications
à notre système législatif, le seul qui doive nous
occuper dans la conférence.

Ces modifications sont constatées par diverses lois
que nous indiquerons seulement par leur date et
leur substance, pour mieux en faire saisir l'esprit.

Le 15 mars 1790 : abolition du droit d'aînesse
sur les biens nobles, en conservant *aux personnes
mariées ou veuves avec enfans, les avantages que
leur assuraient les anciennes lois.*

Disons ici, pour ne plus y revenir, que cette
disposition de *faveur exceptionnelle*, fut de courte
durée et révoquée *le 4 janvier* 1793.

Le 8 avril 1791 : abolition des exclusions cou-
tumières et partage égal dans les successions,
d'une manière absolue, sans considérer la qualité des personnes ou la nature des biens, *sous
la réserve néanmoins des institutions contractuelles
légitimement stipulées.*

Le 23 mars 1792 : abolition de la puissance
paternelle.

Le 20 septembre : majorité fixée à 21 ans au lieu de 25.

Les 25 octobre et 14 novembre 1792 : abolition de toutes substitutions pour le présent et l'avenir : « *en exceptant seulement celles ouvertes et en ne* « *déclarant telles que celles dont les biens subs-* « *titués seraient recueillis ou qu'on aurait le droit* « *de réclamer.*

Le 7 mars 1793 : la faculté de disposer de ses biens, soit à cause de mort, soit entre vifs, soit contractuellement en ligne directe, est abolie, tous les descendants ayant un droit égal aux biens de leurs ascendants.

Le 6 brumaire an 2 : nouveau mode de partage, avec effet rétroactif au 14 juillet 1789, *nonobstant toutes donations, testaments et partages déjà faits.*

Les avantages réciproques entre époux, *sans qu'ils puissent excéder la moitié en jouissance,* s'il y a des enfants, sont autorisés.

Enfin, la quotité disponible est fixée au dixième ou au sixième, suivant qu'il existe des enfants ou des collatéraux, sans que ce dixième ou ce sixième puisse être donné aux héritiers naturels : *en faveur d'autres, dit le texte, que les appelés.*

Les lois *du 17 nivôse et 22 ventôse an 2*, consacrent la même règle, en annullant les institutions contractuelles, dont l'auteur serait vivant ou même décédé *depuis le 14 juillet 1789, alors même qu'elles auraient été faites antérieurement.*

Elles admettent la représentation à l'infini, tant dans la ligne directe, que dans la ligne collatérale ;

Repoussent toute distinction dans la nature ou l'origine des biens pour en régler la transmission ;

Confirment pour le passé et l'avenir les dons entre époux, *sauf leur conversion en jouissance de la moitié ;*

Annullent enfin *les élections d'héritier, qui n'avait pas reçu leur effet par l'exécution.*

Le 18 pluviôse an 5 : régularisation de l'effet rétroactif déjà suspendu dans ses désastreux effets.

Cette loi de *réparation* valide les institutions contractuelles légitimement stipulées en ligne directe avant la loi du 7 mars 1793 et en ligne collatérale avant celle du 5 brumaire an 2, tant dans les successions ouvertes que dans celles qui s'ouvriront à l'avenir ;

Maintient les élections d'héritier ayant date certaine avant *la loi du 17 nivôse an 2.*

Confirme les dons entre époux, abstraction même faite du sixième ou du dixième ;

Et enfin, comprend dans les successions *ab intestat*, les réserves faites par les donateurs ou autres d'institutions contractuelles qui n'en auraient pas valablement disposé et en ordonne le partage entre tous les héritiers, « *autres que les donataires* » *ou les héritiers institués, sans imputation sur* « *les légitimes ou portions de légitimes dont les* « *héritiers ou donateurs seraient grevés..* »

Le 4 germinal an 8, les libéralités par actes entre vifs ou de dernière volonté sont fixées :

En ligne directe au quart, au cinquième, etc, etc., etc., en prenant en considération le nombre des enfants plus un.

A la moitié pour les frères ou sœurs ou descendans d'eux.

Aux trois-quarts pour les autres collatéraux.

A la totalité pour les étrangers et à défaut de parents.

Le code civil n'est venu que plus tard et se place entre le 5 mars 1803 et le 15 mars 1804.

Cette époque *de transition*, comprend ainsi 14 années et peut être divisée en trois phases de temps bien marquées : de 1790 à l'an 2, de l'an 2 à l'an 5, de l'an 5 au 30 nivôse an 12.

Un mot sur chacune d'elles pour les bien apprécier.

Dans la première, de 1790 à l'an 2, on consacra ce que l'équité et l'intérêt public, d'accord pour cette fois, demandaient depuis longtemps, c'est-à-dire l'abolition de privilèges exorbitans contre lesquels tant et de si justes réclamations s'étaient élevées.

Par le partage, égal en effet, on prenait pour base l'affection présumée des pères pour leurs enfants.

Mais d'autre part, on anéantissait la puissance paternelle et on dépouillait le père du moyen de donner à ses enfants, lorsqu'ils s'en montraient dignes, *un témoignage d'intérêt ou de gratitude* (1).

Par la seconde, on faisait rétroagir la loi, on annullait les actes les plus solennels, *donations, testaments, partages consommés, contrats de mariage,* et l'on violait des droits acquis.

C'étaient des dispositions odieuses, qu'il ne faut rappeler, que pour les condamner, les flétrir et en empêcher le retour,

Mais d'un autre côté, il y aurait une sorte d'injustice à ne pas reconnaître, qu'en excluant la recherche de l'origine des biens, on mettait un terme à des contestations ruineuses, et qu'en maintenant les avantages entre époux, on créait des liens de famille, dont les enfants n'avaient pas du reste à se plaindre, puisqu'ils retrouvaient au décès de leur mère, les biens dont on lui laissait seulement la jouissance.

La troisième, fut une ère de justice ; on s'efforça de réparer le mal consommé et d'en prévenir le retour.

Mais cette réparation ne fut pas complète, car en disposant des quartes réservées pour les attribuer *exclusivement aux légitimaires,* on porta atteinte à l'institution et on dépouilla l'héritier, qui

---

(1) On sait, que ce n'est qu'après trois jours de luttes, que le Conseil d'Etat, sur l'insistance du premier Consul et en se fondant sur ces puissantes considérations, adopta la quotité disponible du Code civil. (Voir le remarquable ouvrage intitulé : *Bonaparte au Conseil d'Etat).*

n'en pouvait être privé que par une disposition de l'homme et non par celle de la loi, qui s'y subtituait par le seul fait de sa volonté.

Voilà la théorie de ces lois intermédiaires, dont l'interprétation devient facile, en se pénétrant bien du principe fondamental, que si les dispositions entre-vifs sont régies par la loi de l'acte, celles à cause de mort, sauf quelques modifications, ne le sont que par la loi du décès et en le prenant pour point de départ et règle invariable, dans les contestations qu'elles font naître. (Voir *Chabot de l'Allier* dans le traité *spécial, Questions Transitoires.*)

§ IV.

Mais à la *théorie*, il nous a paru convenable de joindre la *pratique*, et c'est ce qui nous conduit à traiter ici les questions les plus importantes, les plus usuelles, nées sous leur empire, en présentant seulement dans un cadre étroit, leur substance, la raison de décider, la solution qu'elles ont reçu ou que vraisemblablement elles recevraient.

Ce sera donc, dans un but d'utilité seule, moins sans doute une discussion, qu'une *indication*.

Constatons d'abord, qu'on n'a eu que rarement à s'occuper *des dons entre époux*; ces dons ayant été maintenus par la jurisprudence invariable de la Cour de Cassation dans toute leur force et leurs effets, d'après les lois du 6 brumaire, 17 nivôse an II et 18 pluviôse an V, auxquelles on doit recourir pour les bien déterminer.

Cela posé ;

On s'est demandé, si des articles de mariage sous signature privée, qui, *en Béarn*, *avaient même force qu'un contrat public*, mais ne donnaient hypothèque que depuis la célébration, étaient valables, *quoique non signés*, et l'on a répondu avec divers certificats de la matricule, qu'ils ne l'étaient pas, ces certificats faisant précisément une condition de la signature ; *pourvu*, disentils, *qu'ils soient signés des futurs et des parents* (1).

Ce concours des parents forme, en effet, un pacte *entre les familles*, assure la *conservation des biens* et rend la fraude à peu près impossible (Voir la savante dissertation de Toulier, *tome* 12, *p.* 46, et un arrêt de *Colmar*, du 20 août 1815) (2).

C'est, du reste, ce que la Cour d'appel de Pau aurait jugé le 17 floréal an II ; le 7 juillet 1812 et plus tard encore dans la cause du sieur *Descat de la vallée d'Ossau*, au rapport de *M. Badière*.

----

(1) Certificat de la matricule du 16 août 1781.
  Lasserre, Gazette judiciaire pages 202, 204.

(2) *Sirey*, 1815, 2ᵉ p. p. 112.
  Bordenave, 2ᵉ p. 102, 103.

Il doit exister d'autres arrêts sur ce point de droit, admis du reste par tous sans difficulté.

La question de savoir si les père et mère pouvaient, en se portant forts, stipuler *pour leurs enfants absents*, a donné lieu à des doutes plus sérieux.

Longtemps, en effet, on jugea, (1) comme trois arrêts des 2 et 7 juillet 1812, 15 mars 1815 en font foi, que dans le *pays Basque surtout*, et en se conformant à l'usage local, l'acte était valable.

Mais déjà et en 1820, nos jurisconsultes et en première ligne Me *Bruno Perrin*, dont le nom rappelle pour moi, avec le sentiment d'une vive reconnaissance, celui d'un parent, d'un patron, d'un ami, consignaient dans leurs écrits que cette jurisprudence n'était plus observée, la raison prise de ce que l'institution n'étant pas de l'essence du contrat, le mariage subséquent ne pourrait même pas ratifier une disposition imparfaite et nulle dans son principe.

On sait, du reste, que la Cour de Cassation, appelée à se prononcer, a consacré la nullité par quatre arrêts successifs en 1854 et 1855 (2), et 12 que la Cour de Pau, entre autres décisions, a jugé dans les mêmes termes, le 20 *mars* 1853,

(1) *Lasserre* p. 203, 204; *Lamaignère*, p. 92.
Bordenave., p. 102, 103, 1re partie et 21 2e p.

(2) Sirey, 1858, 1. p. p. 49, 1855, 1. p. p. 125, 1854, 2e p. 56.

en repoussant la ratification prise du mariage (1),
et en faisant régir par la *communauté*, une
somme constituée ou donnée avec le caractère
de *dotalité*.

La clause ainsi conçue : « *et pour ce qui re-*
« *garde l'institution héréditaire des enfants qui*
» *naîtront du préseut mariage, les Fors et Cou-*
« *tumes du présent pays seront observées* », a-t-
elle les effets d'une institution ?

L'affirmative semblait résulter tant de l'intention des futurs époux que de la circonstance que,
sans cela, ils auraient fait une chose inutile.

La négative s'induisait, du principe qui veut
que les institutions étant de *droit étroit* comme
contraires à l'égalité des partages, ne puissent être
suppléées, qu'elles doivent contenir *une vocation
directe des enfants*, et qu'on ne peut trouver
ce caractère dans celles qui ne présentent qu'une
soumission pure et simple à la coutume, emportent nécessairement dès-lors une soumission aux
modifications qu'elle pourrait recevoir.

C'est ce dernier système qui a été consacré par
divers arrêts, notamment du 1er fructidor an
XII, 12 frimaire même année ; *mars 1823*, sur
notre plaidoirie *pour les cohéritiers Chardier* ; 28
août 1824, 7 mars 1825, 24 mars 1832.

Deux autres arrêts furent aussi rendus en 1841,
sous la présidence de M. *Dartigaux*.

(1) 1853, 2e p. 80 en 1855, 1. p. p. 125.

Nous tenons donc ce principe comme certain en jurisprudence, malgré quelques décisions isolées d'*espèces*, qui ne sauraient l'infirmer (1).

Les élections *subordonnées*, contenant la clause à peu près ainsi conçue : « *se réservent les fu-* » *turs époux d'instituer leur héritier et dans le* » *cas où ils ne le feraient pas, l'aîné sera tenu* » *pour nommé* », a divisé la jurisprudence des Cours.

Pendant longtemps, on jugea d'après l'opinion de *Merlin*, au mot *choix et élection*, qu'il y avait un droit acquis pour l'aîné, soumis seulement à une condition suspensive ou résolutoire, que les lois nouvelles auraient fait défaillir, en assurant ainsi l'*irrévocabilité dégagée de cette condition*.

(1) La validité des institutions contractuelles, dans des articles de mariage sous signature privée, assimilés avec le concours des parens à des *actes authentiques* est un point de droit invariable en Béarn..... Cependant la Cour de Cassation, dans l'ignorance de nos usages locaux, qu'elle eut respecté par exception, comme pour les retours, aurait jugé la négative par application de l'art. 1 de l'ordonnance de 1831, d'abord timidement par un arrêt de *rejet* en 1818 et en termes explicites en 1863 avec renvoi devant la Cour d'*Agen* qui se serait prononcée dans le même sens.

Ces décisions ont dû nous étonner et nous inquiéter, comme cause de perturbation et même de ruine (*sauf la prescription*), pour nos familles de *Béarn*, et toutes celles des pays de droit, régis par les mêmes règles.

Espérons que cette grave question, si elle se présentait de nouveau, serait examinée comme toujours, avec l'attention, la vigilance particulière que son importance réclame et que la Cour, après mûr examen, persistera dans sa jurisprudence, consacrée par son remarquable arrêt de 1859, sous la présidence de *M. Laporte. (Lasserre* P. tome 2, p. 102, 103 et recueil *Oustalet*, p. 74, tome 1. B.

C'est ce que la Cour de Cassation jugea en 1805, en 1806, en 1813 et en 1821.

La Cour de Pau, rendait à la même époque des arrêts conformes, le 29 juin 1813, le 4 janvier 1819, le 4 avril 1820 (1).

Plus tard, à la vérité, et dans des espèces particulières, comme des *réserves, des dispositions à cause de mort*, la Cour de Cassation rendit les décisions contraires et la question allait se débattre de nouveau lorsqu'elle adopta la distinction suivante :

Ou bien, l'élection était faite d'une manière générale et l'on pouvait instituer à volonté, même un étranger, cas dans lequel il n'y avait pas institution pour l'aîné ; ou bien, elle était concentrée dans la famille, et alors l'institution était valable; dans l'un, l'instituant n'avait pas voulu se lier, et dans l'autre, il l'était irrévocablement.

La *Cour de Pau* a admis, du reste, cette distinction par deux arrêts du 30 avril 1829 et 13 mai 1843.

Ajoutons que la *vocation de l'héritier* ou les mots *l'aîné sera tenu pour héritier*, sont si bien sacramentels, qu'à l'occasion d'un contrat où *tous les enfants étaient institués, mais avec réserve de choisir et sans désignation*, la Cour condamna les prétentions de l'aîné dans la cause des héritiers *Deyt*, en 1837 (2).

(1) Arrêt contraire du 13 mai 1837, recueil *Bordenave*, p. 173.
(2) Arrêt du 11 juillet 1837, plaidant *M. Blandin*, recueil *Bordenave*, p. 321.

La fixation des légitimes, a donné lieu, à deux questions importantes

La première, consistait à savoir, si le légitimaire avait été relevé de la déchéance par la loi du 8 avril 1791, et si depuis la promulgation de cette loi il pouvait demander *un supplément de légitime*.

L'aîné disait, que l'on portait atteinte à l'institution.

Le cadet répondait, qu'il respectait les droits acquis et ne demandait qu'à *parfaire ou compléter* sa légitime.

C'est, en effet, ce qui fut jugé en 1816 dans la cause *Baptistan* de St-Sever, sur les plaidoiries de Me *Bruno Perrin* et Me *Lavielle fils*, aujourd'hui conseiller à la Cour de Cassation.

Et depuis lors, on n'a plus contesté que le légitimaire repoussé par les anciennes lois, n'*eût été rappelé* par celle de 1791 et ne pût, lorsque les père et mère étaient morts postérieurement venir réclamer *le complément de sa légitime*.

Mais à la légitime *ainsi complétée*, les cadets ont réuni *la quarte*, point important qui mérite une explication.

Cette quarte, en effet, était *réservée* dans nos institutions contractuelles et l'instituant pouvait en disposer lorsqu'il n'y avait pas renoncé, mais s'il n'en disposait pas, *elle restait dans l'institution*.

De là, deux systèmes divers et bien marqués.

Par le premier, la faculté de disposer eût empêché l'irrévocabilité, rendu cette quarte *flottante*, et dès-lors les lois nouvelles auraient pu en disposer.

Par le second, elle eût formé un droit *irrévocable* soumis à une condition suspensive ou résolutoire qui, ne s'étant pas accomplie, lui aurait laissé toute sa force.

« *Vous m'avez donné, disait Merlin, vous ne* » *m'avez pas ôté, donc je dois conserver.* »

Ainsi posée, la solution ne semblait pas douteuse, mais par l'art. 2 de la loi du 18 pluviôse an V, ces quartes, à tort ou à raison, *avaient été attribuées aux légitimaires exclusivement et sans imputation sur leurs légitimes ou portion de légitimes.*

Il fut donc jugé, qu'elles seraient réunies à la légitime ancienne et attribuée aux cadets, *de manière toutes fois à ne pas excéder la réserve du Code civil* (1).

Arrêts du 20 novembre 1834, sur la plaidoirie de Mes Blandin et Casenave, et 9 novembre 1836, suivis de plusieurs autres conformes

---

(1) On sait que la *réserve du Code* est avec un nom différent, la *légitime ancienne* ; c'est-à-dire, la portion que la loi, par sa toute puissance, attribue aux enfants et dont le père ne peut les déposséder par aucune disposition.

Les retours de dot ont donné lieu à de sérieuses difficultés.

Et d'abord, admis généralement en Béarn, avaient-ils été maintenus par les lois nouvelles?

La raison de l'affirmative pouvait s'induire du silence de toutes ces lois jusqu'au 30 ventôse an XII.

Mais la négative résultait nécessairement de leur esprit, de la transmission des biens qu'elles avaient voulu favoriser, de l'égalité qu'elles consacraient.

Aussi deux arrêts de notre Cour, du 27 *août* 1834 et 24 *avril* 1837, ont-ils décidé que les retours n'avaient pu être stipulés sous l'empire des *lois de l'an II* (1).

La question de savoir qui pouvait les stipuler n'aurait pas dû être agitée.

Condition d'un don, elle ne pouvait être attachée qu'à une libéralité et non au payement d'une dette.

Ainsi, le père qui n'était pas tenu de doter, pouvait stipuler le retour, et le frère qui payait la légitime ne l'eût pu. *Mourot, Dot* n° 13, n° 115 et *Légitime*, n° 81.

C'est ce qu'ont jugé divers arrêts; un des derniers, à notre connaissance, est du 17 *avril* 1844.

Il est bien vrai, qu'on a quelquefois soutenu et

---

(2) Recueil *Bordenave*, p. 132.
  Id. Lamaignère, 60.

peut-être fait juger, qu'à raison de l'*anticipation*, la clause pouvait avoir un caractère onéreux; mais ces espèces particulières doivent être appréciées avec la plus grande réserve et n'infirment pas la règle, que celui-là seul qui fait une libéralité et non qui paye une dette, a pu stipuler le retour.

Leur conservation (1), sous l'empire des lois nouvelles, en présence de l'opinion qui voulait les faire considérer comme des *substitutions*, ne se discute plus.

Le retour *conventionnel*, en effet, n'est ni un droit de succession ni de substitution, mais simplement *une clause résolutoire*. Or, il est du caractère des conditions résolutoires qu'elles ne suspendent point l'exécution de l'obligation, et que le contrat n'en est pas moins pur et simple dans son principe; ce n'est pas son effet qui est suspendu, mais la condition seule.

C'est une véritable propriété comme tous les droits conditionnels, soumis dans leur exercice à un évènement incertain.

En un mot, le retour forme dans le contrat où il a été stipulé, une condition dont l'effet est en

---

(1) Le retour qui a lieu en *Béarn*, *jure sanguinis*, *citra jus et nomen hœredis*, ne se conserve sous les lois nouvelles que par l'*inscription hypothécaire*. Lasserre, P. 1863, 1re p. p. 201 et 2o p. 1.

Arrêt de la Cour de *Pau* du 1er février 1862, sur les conclusions conformes de M. *Lespinasse*, notre éminent premier avocat général, *longè doctissimus*.

tout soumis à la loi du contrat et non à celle sous l'empire de laquelle la condition se réalise.

« *La volonté, dit M. Troplong, est l'élément* » *démocratique du droit, elle est toute puissante* » *et se fait respecter par elle-même : c'est le* » *droit dans sa plus haute perfection.* »

Aussi, les *retours conventionnels*, ont-ils été conservés par une série d'arrêts, formant une jurisprudence que personne n'oserait contester aujourd'hui.

Nous nous bornons à indiquer, ceux des 11 fructidor an 14, 15 janvier 1813, 31 août 1814, 17 janvier 1819, 2 juillet 1822, 21 décembre 1825, 2 août 1832, 18 juin 1836, août 1840 et bien d'autres sans doute.

Mais à qui doit profiter ce retour ouvert depuis les lois nouvelles?

A l'aîné seul ou au prim, d'après les principes ci-dessus.

Et c'est ce que la *Cour de Pau* a jugé par un arrêt du 15 novembre 1822, accepté de tous comme formant jurisprudence (1).

« Attendu, porte-t-il dans un de ses considé- » rants : que le retour n'est ni un droit de suc- » cession, ni de substitution, mais une condition » résolutoire, dont l'effet est soumis *en tout* à la

----

(1) Arrêts conformes des 9 mars 1825 et 31 mai 1837 au rapport de MM. *Pouts* et *Charritte* (*voir les notes de M. Lasserre*).

» loi du contrat et non à la loi de l'ouverture..,
» qu'ainsi, il est évident, que c'est à l'aîné seul,
» à celui qui *représente le prim, qu'appartient le*
» *droit de retour, et que les autres cohéritiers*
» *ne peuvent y rien prétendre.* »

Nous ne connaissons pas d'arrêt contraire (1).

C'est en vertu de ces mêmes principes, que la Cour décida *le 5 mai 1819*, que le droit d'emparence ou d'insistance pouvait être réclamé sous les lois nouvelles, *en le restreignant toutefois à des biens égaux en valeur à la dot de la femme.*

Nous signalons toutefois cet arrêt comme *historique*, plutôt que comme *doctrinal*, dans une espèce qui vraisemblablement ne se représentera plus selon la coutume, en faisant remarquer que ce privilége est reproduit sous le code civil, sous le nom de *retenue*, non pour la dot, mais pour plusieurs autres droits.

On peut voir notamment sur l'article 555 un arrêt de la Cour de Rennes (Sirey, 1841, 2.e p.e, pag. 254) et une note qui est un véritable traité sur ce point important, du maintien dans la possession de la chose, jusqu'au *remboursement préalable.*

Deux questions importantes se sont élevées relativement aux institutions contractuelles.

(1) Nous avons trouvé toutefois une décision qui *paraît* contraire du 10 août 1835, recueil *Lamaignère, page* 148 ; elle est à la vérité rendue *pour la coutume de Soule, mais les motifs en sont peut-être trop absolus, trop explicites. (Arrêt d'espèce.)*

La première , était de savoir, si contenue dans des articles de mariage sous-signature privée *antérieurs* à la loi du 7 mars 1793 , mais à l'occasion d'un mariage célébré *postérieurement ,* l'institution était valable ;

Et la Cour par arrêt de décembre 1840, sur ma plaidoirie, décida *l'affirmative ,* le mariage n'étant que la ratification de la convention antérieure , à l'abri à la vérité, de tout soupçon de fraude.

La même Cour cependant aurait jugé le contraire le 22 avril 1850 , dans une espèce ou sans doute la fraude prédominait (1).

Nous ignorons, du reste, si lors de ce second arrêt on invoqua , comme nous l'avions fait nous-même pour le premier, un arrêt de la Cour de cassation , *Sirey* 1834, 1re *p.*$^{•}$ *pag.* 235, qui juge formellement par application de la loi du 8 pluviose an 5 (art. 1;) « qu'une donation faite dans un contrat de fian-» çailles *antérieur* à la loi du 7 mars 1793 est » valable, quoique le mariage soit *postérieur* à » cette même loi. »

La seconde a été amenée par la caducité dans une institution contractuelle , c'est-à-dire par le prédécès de l'héritier institué ;

Dans ce cas , on avait été jusqu'à prétendre , en se référant à l'intention *,* que l'aîné des enfants de l'héritier décédé devait prendre sa place.

_____

(1) *Lasserre.* G. J. Pages 203, 204, arrêt à bien *vérifier* avec la *note jointe.*

Mais cette opinion était si contraire au principe fondamental, que l'institution profite *alors à tous les enfants*, qu'elle dut être abandonnée et qu'on se borne à soutenir la validité de la disposition de la quarte, en faveur d'un des enfants, *comme condition de l'institution que les autres ne pouvaient quereller, puisqu'ils en profitaient.*

C'est ce qui fut jugé vers 1820 par le tribunal civil de *Pau*, sur ma plaidoirie, et par la Cour, le 21 juillet 1847 (1), dans l'affaire des héritiers Borderouge, *où l'aîné des petits-enfants avait été avantagé de la* 1/4 *par l'ayeul décédé sous le code.*

La raison prise de ce que cet ayeul aurait épuisé la quote disponible par l'institution, fut écartée et *la* 1/4 *maintenue comme condition de l'acte.*

Un point important sur la prescription *trentenaire* a encore été agité.

La coutume dit qu'elle ne court pas *contre celui qui a moins de* 12 *ou* 14 *ans*, c'est-à-dire contre le *pupille;* mais court-elle contre le *mineur de* 25 *ans?*

Oui, d'après la coutume prise dans ses termes, non d'après son esprit.

Oui, d'après *Labour*, non d'après *Maria* qui est venu après lui.

_____

(1) Cet arrêt doit être *soigneusement examiné*, car si par le prédécès l'institution passe aux enfants, venant alors *suo jure et quasi vulgari substitutione*, il reste à savoir, *si elle ne profite pas à tous* d'après le droit *commun* ou à *l'aîné seul*, le mâle excluant la *femelle ?*... (Doute sérieux.)

Arrêt conforme du 28 juin 1839, suivi d'un second encore plus explicite du 5 août 1840, où l'on dit :

« Que si la coutume ne parle que des mineurs
» au-dessous de 14 ans, il n'en faut pas conclure
» qu'elle courait contre les mineurs de 25, parce
» que ce serait faire une fausse application du
» principe des contraires, pour le Béarn, *régi*
» *autant par le droit romain que par la coutume ;*
» que le mineur, à raison de son âge, demeure
» dans un véritable état d'incapacité et *que dès-*
» *lors il est naturel que la loi l'ait garanti des effets*
» *d'une inaction à laquelle elle l'avait condamné...* »

Postérieurement il a dû être rendu un arrêt identique pour les héritiers *Lendresse.*

On peut donc tenir, pour constant, ce principe attesté d'ailleurs par *Salviat* V° *mineur.*

Ajoutons en terminant, quoique cette dernière difficulté ne rentre pas dans l'application de notre coutume, que l'exception *à l'aliénabilité du domaine public,* établie par les lois du 22 *novembre* 1790 *et* 2 *nivose an IV, en faveur des grands massifs forestiers de* 150 *hectares et au-delà,* ainsi que l'avait décidé la Cour *de Pau,* par deux arrêts, dont le dernier est du 29 mai 1845, sur notre plaidoirie, et la Cour de cassation *en* 1850, au rapport *de M. Lavielle,* a cessé d'avoir son effet depuis la loi du 25 *mars* 1817, « *qui en* » *a transporté la propriété à la Caisse des Dé-* » *pôts et Consignations.* »

« Considérant, dit la même Cour de Cassation,
» dans son arrêt du 27 *juin* 1854 (1) (Sirey 1855
» p⁰ p⁰ 497), que le principe de l'inaliénabilité
» a été effacé du droit public de la France,
» *même pour celle nature de biens, depuis la loi*
» *de* 1817 et la faculté d'aliéner attribut essentiel
» de la propriété, rendue applicable à l'Etat et
» aux communes comme aux particuliers. »

L'inaliénabilité ou *plutôt l'imprescriptibilité par*
la mise hors du commerce, n'existe donc plus, même
pour les forêts de l'Etat, quelle que soit la con-
tenance, ce qui est un retour au droit commun.

§ V.

Cet exposé rapide, d'importantes questions que
vous retrouverez encore longtemps dans la pratique, nous amène naturellement à vous présenter
quelques réflexions sur l'objet spécial de vos travaux, c'est-à-dire la loi qui nous régit et que
vous appliquerez chaque jour.

Vous savez comment elle nous fut donnée.

« La nation, avait dit le plus grand homme
» des temps modernes, s'est trop avancée, pour
» n'avoir rien à réclamer au passé; dans un sol,

---

(1) Idem. 1856 1ʳᵉ p. p. 808 ; mais il existe un arrêt contraire,
Sirey 1858, 1ᵉʳ p. p. 358, fondé sur l'article 62 du code forestier :
la prescription qui aurait cessé de courir en 1817, aurait repris
son cours en 1827... (Comparer.)

» aussi mouvant que le nôtre, il faut, en amé-
» liorant, rebâtir sur les vieux fondements. »

Ces fondements étaient la religion et les lois.

Les temples furent réouverts et le peuple y
rentra en foule, heureux de retrouver le Dieu
de ses pères qui lui tendait les bras.

Les hommes les plus éminents de l'époque réu-
nirent leurs efforts, et l'uniformité des lois vai-
nement rêvée par le prince qui avait dit, l'*Etat
c'est moi*, l'une de ces trois grandes figures du
pouvoir, dans nos sociétés modernes (1) se trouva
réalisé.

Le code civil fut promulgué.

« Ouvrage de graves jurisconsultes, dit un de
» nos historiens (2), plein de savoir et d'expérience,
» dirigé par un chef soldat, il est vrai, mais es-
» prit supérieur, habile à trancher les doutes;
» résumé du droit, purgé de tout privilége féodal...
» *il était impossible de faire autrement et mieux.*(3)»

Le plus bel ouvrage, dirons-nous nous même,
qui soit sorti des mains d'un législateur, et que
presque toutes les nations se sont approprié, en
changeant seulement le titre, par une innocente

(1) Ces trois grandes figures sont *François I*er, *Louis XIV*,
Napoléon.

(2) Thiers, 3e volume de l'*Histoire du Consulat.*

(3) « Le code civil, a dit M. *Troplong*, est spiritualiste, il est
» chrétien, il réfléchit dans ses rapports civils, les grandes bases de
» la morale évangélique. »

fraude, victoire bien préférable sans doute, à celles qui ne laissent après elles, que des ruines et de brillants souvenirs.

Simple comme tout ce qui est grand, il ne présente que trois titres généraux, *les personnes, la propriété avec ses modifications, les diverses manières de l'acquérir*, qui se subdivisent eux-mêmes pour former un corps complet de doctrine, en chapitres particuliers, dont quelques-uns je n'en doute pas, auront plus particulièrement fixé votre attention.

La puissance paternelle, avec ce beau préambule, sans sanction à la vérité, si elle n'était dans la morale de tous les peuples, que l'enfant *à tout âge, doit honneur et respect à ses père et mère* (1), qu'une femme célèbre, moins encore par son génie que par le culte voué à l'auteur de ses jours, avait commenté d'avance par ces nobles paroles, qu'on lit une fois pour ne plus les oublier (2) :

« *Vous leur devez honneur et respect, protection* » *et secours, ne fût-ce qu'à raison de leur règne* » *passé, du temps dont ils ont été les maîtres et* » *qui ne reviendra pas, des longues épreuves* » *de la vie, dont ils portent sur le front les em-*

---

(1) Les Romains avaient dit *avant* nous : *Filio, patris persona, honesta et sancta.....* On *n'invente rien en morale.*

(2) Mme *de Staël* dans *Corine* ou *l'Italie.*

» *preintes, ils ne s'en iront que trop tôt, et vous*
» *chercherez en vain vos meilleurs amis,* »

Les successions, consacrant un droit de la nature
et faisant suivre *aux biens* dont nous ne devons
nous considérer que comme usufruitiers, *la marche
des affections,* avec les modifications que dans un
intérêt supérieur, la société, quoique à regret,
a dû apporter aux droits absolus du père de famille,
*quatenus juris ratio patitur : lege tacita : ratione
naturali.*

Les *obligations,* matière qui semble avoir porté
bonheur à tous ceux qui l'ont traitée, à *Pothier*
. comme à *Toullier* et dont on a pu dire comme
des lois romaines :

« *Que si elles ont paru si saintes, que leur*
» *majesté subsiste encore, c'est que le bon sens qui*
» *est la moitié de la vie humaine, y règne partout*
» *et qu'on ne voit nulle part un plus bel exemple*
» *des principes de l'équité naturelle.* »

Le *contrat de mariage,* cette charte des familles, qui rappelle la lutte passionnée, quoique
pacifique du *nord* et du *midi*, du régime de la
communauté et de la dotalité ; l'un véritable *alea*,
plaçant la ruine à côté de la richesse, comme le
mal à côté du bien, l'autre donnant à la femme
en *sûreté* tout ce qu'elle perd en *liberté*, sauve-
gardant la dot, dernière ressource des familles
dans un naufrage, et dans lequel on ne s'est
peut-être pas assez préoccupé de l'intérêt domi-

nant des enfants , si bien signalé par ces paroles
de l'illustre jurisconsulte de Bordeaux , l'un des
rédacteurs du Code Civil :

« *Pères et mères de famille, ne l'oubliez jamais,*
» *si vous voulez assurer le sort de vos enfants,*
» *ne les mariez que sous le régime dotal, en y*
» *joignant notre intéressante société d'acquêts.* »

Les prescriptions , un des titres les plus com-
plets du Code , et dans lequel les esprits sérieux,
laissant de côté toutes les distinctions de l'école,
ne voient plus que la punition de la négligence
du créancier qui ne réclame pas et le moyen de
consolider la propriété , un de ces intérêts supérieurs , qui toujours doivent faire taire l'intérêt
privé.

Le Code civil , en un mot , c'est la famille , la
propriété, l'égalité, droits aussi anciens que le
monde et qui venant de Dieu , non des hommes,
ne sont pas créés , mais organisés par la loi civile,
et ne laissent ainsi aux Tribunaux , qu'à en faire
une sage application.

Mais pour cela , il faut les bien connaître et
recourir aux moyens que la plus simple réflexion
nous indique.

Le premier, est de lire avec la plus sérieuse
attention , en remontant ainsi à la source , les discours de ces orateurs éminens , qui en alliant
la noblesse des pensées à la beauté de la forme,
dont on a dit avec raison , qu'elle est à l'œuvre

ou au corps, ce que la grâce est à l'esprit, se sont élevés aux plus hautes considérations sociales, ont fait oublier la sécheresse des discussions de droit et prouvé une fois de plus, qu'au-delà de *la procédure*, cette idole des esprits étroits et sans portée, il y a quelque chose encore, qu'en un mot la jurisprudence, la littérature et la poésie qui élève l'âme, sont sœurs.

> *Non eadem facies, nec diversa tamen,*
> *...... Qualem decet esse sororum.* (1)

Le second, de se pénétrer des maximes de nos maîtres de la science.

Pothier et *Domat*, parmi les anciens, esprits supérieurs, égaux en mérite, plutôt que semblables, *pares magis quàm similes.*

L'un, dont la parole est si simple, si droite, si honnête, qu'on croirait lire un texte de loi;

L'autre, dont les déductions, toujours nettes, lucides, ont la précision et la force d'une démonstration mathématique;

Ce qui faisait dire à l'illustre chancelier Daguessau, dans les instructions données à son fils:

« *Si vous pouviez parvenir à bien vous pé-*
» *nétrer de ces deux auteurs par la lecture et des*
» *extraits, vous ne seriés pas, mon cher fils, le*

---

(1) Rectification :
...... *Facies non omnibus una,*
Nec diversa tamen, talis decet esse sororum. (Ovide.)

» *plus profond des jurisconsultes, mais vous seriés*
» *assurément, le plus solide et le plus sûr de tous*
» *les juges.* »

Parmi les nouveaux, *Toulier* et *Troplong.*

Toulier, esprit exact et sûr, quoique un peu
froid, qui, par ses commentaires si substantiels, a
trompé la prédiction du grand capitaine devenu
législateur ... « *Cet homme n'aurait pas dû toucher
à mon œuvre, il va gâter mon Code civil.* »

Troplong, cet ennemi déclaré de notre dotalité
des pays de droit écrit, qui entrant dans une voie
nouvelle et éclairant le droit par l'histoire, a su
donner de l'attrait aux matières les plus difficiles,
les plus abstraites et serait le premier de nos jurisconsultes, sans *Merlin,* trop oublié aujourd'hui,
mais avec lequel cependant, aucune comparaison
n'est possible.

Proximus huic, longo sed proximus intervallo

Le troisième, est d'étudier les arrêts, trop dé-
daignés par les uns, trop préconisés par les autres
et auxquels cependant nous sommes tous forcés
de recourir, d'en bien saisir l'espèce et sans
s'arrêter *à l'analogie,* ce mirage si souvent trom-
peur, d'en faire notre règle sans lui sacrifier
jamais un principe certain.

Il suffit, du reste, pour cela, de se bien pénétrer, en laissant de côté les considérations acces-
soires, des grands principes qui l'emportent sur

tous les autres et en signalent le véritable esprit, *Vim et potestatem.*

Ainsi, dans la grande question du *cumul* de la *réserve* avec la *quotité disponible*, c'est la raison de *l'antériorité du droit*, *la condition du mariage*, qui l'a emporté *sur le principe plus vrai* (1), *que la réserve n'est acquise qu'à la qualité d'héritier.*

Ainsi, dans le concours de la quotité disponible à un enfant et à l'épouse, où il était si facile de tout concilier, en repartissant la quotité la plus élevée entre les deux, on a décidé ; que le droit *était personnel à l'épouse*, autant par la faveur du mariage, que parce qu'on a pensé sans doute que les enfants retrouveraient dans la succession de la mère ce qu'ils perdraient momentanément, et l'on a mis ainsi celui qui aurait donné la 1/2 des biens *en usufruit* à son épouse dans le contrat de mariage, dans l'impossibilité *de rien laisser à son fils.*

Ainsi, lorsque dans les partages anticipés, on admet la prescription décennale, non depuis l'acte, mais depuis le décès, c'est moins sans doute parce qu'il s'agirait d'une demande en *réduction*, que par des motifs de haute convenance, qui ne permettent pas de rendre l'ascendant témoin

---

(1) Ce principe *plus vrai*, a été consacré par l'arrêt du 23 novembre 1863. Sirey, 1re p. p. 503, qui est *revenu* au célèbre arrêt 1818, 1re p. p. 78. (Laroque de Mons.)

des débats qui auraient pu s'élever *pendant son vivant*, sur sa succession (1).

On le voit donc, dans la discussion de ces graves intérêts, il n'y a qu'une ou deux raisons prédominantes et le plus souvent ce sont des raisons *morales*.

§ VI.

Bien avertis, bien préparés dès lors, par des études sérieuses, le moment arrivera où, à l'examen des théories, vous ferez succéder l'appréciation d'intérêts positifs, et vous pourrez entrer avec confiance dans une carrière où les rangs ne se donnent pas, mais s'acquièrent, quoique une bonne place, sachez-le bien, soit toujours réservée à l'intelligence, au travail, à des efforts constans, à la droiture surtout (2).

Mais si à des intérêts civils, venaient se joindre pour vous la défense d'intérêts qui ont une bien plus haute portée, si avec la raison naturellement bornée comme tout ce qni est positif, vous étiez appelés à invoquer le sentiment qui n'a

---

(1) C'est aussi la crainte de tromper la prévision du père de famille, ou celle d'un concert frauduleux, qui fait décider, que l'enfant *renonçant* compte pour déterminer *la qualité disponible*. (1866 1ʳᵉ p. p. 583)

(2) *Stabant orantes primi transmittere cursum ,*
   Tendebant que manus, ripæ ulterioris amore.

pas de limites, ce serait peut-être pour vous une occasion décisive et un brillant succès en assurant le présent, pourrait vous garantir l'avenir.

Hos successus alit, possunt quia posse videntur.

Ne balancez donc jamais pour accepter un tel mandat et ayez sans cesse présentes à votre esprit, ces paroles d'un des écrivains les plus éminens de l'époque (1) :

« *Le courage du barreau Français, pour secourir* » *les accusés, fut toujours une des gloires et des* » *libertés de notre pays.* »

Il est d'ailleurs des devoirs qui ne doivent jamais être perdus de vue et peuvent se résumer pour nous en peu de mots :

Suivre avec soin la marche de la jurisprudence, élevée au rang d'une science, et se défendre de la croyance qu'il soit permis à personne de *vivre sur son passé;* paroles presque impossibles, parce que, pour l'avocat, elles constitueraient l'oubli des premières règles de notre profession, et dans d'autres positions, où la responsabilité se mesure sur le devoir, une énormité telle que l'expression manquerait pour la condamner ;

Ne séparer jamais de l'étude du droit, celle de la littérature, ce luxe impérial des anciens, et sans y consacrer précisément *le temps mar-*

(1) M. de *Barante*, dans son tableau *de la littérature du* 18e *siècle.*

qué de deux heures par jour sur douze, qu'imposait cependant *Daguessau* à son fils, lorsqu'il le préparait aux fonctious de *substitut*, se rappeler toujours, quelles douces jouissances elle donne, quelle utilité on en peut retirer et en définitif, pour tout dire d'un mot, avec le prince des critiques ; *qu'il en est des lettres comme de la vertu, qu'on ne peut honorer sans se faire honneur à soi-même.*

Hésiter longtemps, chaque fois qu'il s'agira de conseiller un procès, ne balancer jamais au contraire pour le terminer, et alors, à la différence du Juge esclave de la loi, n'accepter d'autre mandat que celui qui permet de suivre les inspirations de la conscience et de l'équité : *suprema lex esto.*

Mais ces obligations remplies :

Estimons-nous haut et ferme, ainsi que le disait devant les Chambres réunies et dans une *récente solennité* ce membre du Parquet pour lequel la jeunesse a dû passer si vite, et dont l'expérience, devançant les années, a depuis longtemps mûri la raison (1) ;

Apprenons à nous bien connaître en nous voyant de plus près, en partageant les mêmes

---

(1) M. François-St-Maur, un de nos avocats-généraux les plus distingués, et dont chacun dira avec nous :

Quique sui memores alios fecere merendo.

travaux, en continuant des rapports de confiance, d'estime, de bienveillance réciproque devenus plus faciles, et sans lesquels le combat judiciaire perdrait sa décence et peut-être sa loyauté;

Que notre ordre soit toujours cette terre neutre, ce champ d'asile, où tant d'hommes éminens, fatigués des agitations de la vie publique, (1) sont venus chercher tour à tour, le calme, la tranquillité, le bonheur (2);

Ne formons en un mot qu'une même famille, avec le lien solidaire du désintéressement, de l'honneur;

Et c'est ainsi, qu'en conciliant avec le respect pour la magistrature, l'indépendance de position et de caractère, qui nous fut toujours si chère, nous concourrons autant qu'il sera en nous, à la distribution de cette grande et sainte chose, la bonne et impartiale justice, le premier besoin des peuples, comme elle est le premier de nos devoirs à tous.

BLANDIN.

Poey, le 15 février 1856.

(2) *Discordia demens, insanum que forum.....*
(3) *Securos latices et longa oblivia potant.*

(B. avril 1869.)

Recueils cités dans cette note.

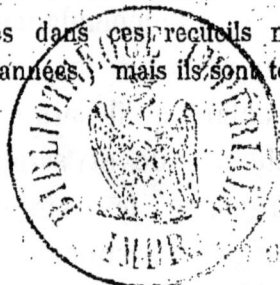

1º Sirey, *périodique*.................... S. P.

2º Lasserre, *Gazette judiciaire*............. L. G. J.

3º Lasserre, *périodique*................ L. P.

4º Lamaignère......................... L.

5º Bordenave......................... B.

6º Oustallet........................... O.

Les arrêts cités dans ces recueils n'embrassent pas une longue durée d'années, mais ils sont tous *très-importants et bien rédigés*. (**B.**)

Pau, *Imprimerie E. Vignancour.*